Herausgeber:
Marita Grübl
Nibelungenstr. 15
90513 Zirndorf
Tel. 0911/6002044

m.gruebl@lernen-in-zirndorf.de

Wenn Sie an weiteren Informationen über Applied Scholastics in Deutschland oder an einem Grammatikkurs interessiert sind, melden Sie sich unter Tel. 0911/6002044.

Applied Scholastics und das Applied-Scholastics-Symbol sind Marken im Besitz der Association for Better Living and Education International und werden mit deren Erlaubnis benutzt.

Herstellung und Verlag: BoD – Books on Demand, Norderstedt
ISBN: 9783759766830

Bildnachweise: S. 5 (Fantasie) Download: © Phil Daub – fotolia.com
S. 18 (Geldscheine) Download © Gina Sanders – fotolia.com
S. 20 (Personen) Download: © vision images – fotolia.com
S. 33 (Pyramide) Download: © Detlef – fotolia.com
S. 2 Kinder am Boden © inesbazdar 123rf.com
alle übrigen Fotos © Marita Grübl
Coverdesign: © Christian Stefan

FSC
www.fsc.org

MIX
Papier aus verantwortungsvollen Quellen
Paper from responsible sources
FSC® C105338

Vorwort

Dieses Buch entstand aufgrund meiner langjährigen Erfahrungen im Nachhilfe- bzw. Förderunterricht mit Schülern und Erwachsenen.

Immer wieder stellte sich heraus, dass grundlegende Begriffe nicht verstanden waren, wenn ein Fachgebiet Schwierigkeiten machte. Im Bereich der deutschen Grammatik sind es die zehn Wortarten, welche die Grundlage für weiteres Verstehen bilden. Versucht man fortgeschrittene grammatikalische Regeln oder Zusammenhänge zu erklären, kommt man bei den Erklärungen meist nicht umhin, die grundlegenden Begriffe im Bereich der zehn Wortarten zu verwenden.

Nachdem Grammatik oft als ein trockenes Gebiet angesehen wird, war es mein Anliegen ein Grammatikbuch zu erstellen, das viele Bilder, einfache Erklärungen und genügend Beispiele enthält, um ein Verständnis der Materie zu erleichtern.

Besonders danken möchte ich L. Ron Hubbard. Seine Forschungen und Erkenntnisse im Bereich des Lehrens und Lernens haben mir ermöglicht, anderen dabei zu helfen, sich Wissen effektiver anzueignen.

Die von L. Ron Hubbard entwickelte Lernmethode wird durch das weltweite Bildungsnetzwerk Applied Scholastics verbreitet. „Applied" bedeutet so viel wie „zur Anwendung gebracht" und „Scholastics" bedeutet in diesem Zusammenhang so viel wie „Bildung". Zusammengesetzt bedeutet es also „zur Anwendung gebrachte Bildung". Also etwas lernen, um es praktisch anzuwenden, im Gegensatz zu bloßem theoretischem Wissen.

Ich hoffe, dass Ihnen das vorliegende Buch helfen wird, einen leichten Einstieg in das Thema Grammatik zu finden.

Sollten Sie Probleme beim eigenständigen Durcharbeiten haben, besteht auch die Möglichkeit einen Grammatikkurs bei einer der Applied-Scholastics-Niederlassungen zu belegen.

Zirndorf, 12. November 2014

Marita Grübl

Wichtiger Hinweis

Achten Sie beim Lesen stets sehr sorgfältig darauf, niemals über eine Unklarheit oder ein missverstandenes Wort hinwegzugehen. Wenn der Text an einer Stelle verwirrend für Sie wird, dann lesen Sie nicht weiter, sondern gehen Sie zu der Stelle zurück, an der der Lehrstoff noch leicht verständlich war, und finden Sie das Missverständnis.

Inhaltsverzeichnis

Abschnitt 1

Was ist Grammatik?

Grammatik zeigt uns, wie man Wörter richtig benutzt und wie man diese in Sätzen korrekt verbindet, damit andere unsere Gedanken verstehen können. Grammatik gibt die Regeln an, wie eine Sprache zu verwenden ist. Wir benötigen sie buchstäblich jeden Tag.

Abschnitt 2

Arten von Wörtern

In unserer Sprache gibt es verschiedene Arten von Wörtern, die unterschiedliche Aufgaben und Funktionen haben. Die verschiedenen Wortarten werden nun nacheinander erläutert.

Das Nomen

Ein Nomen benennt Menschen, Pflanzen, Tiere oder Dinge. Man kann das, was ein Nomen bezeichnet, in aller Regel sehen, anfassen, riechen oder fühlen (Ausnahme: abstrakte Nomen, siehe nächste Seite). Für das Nomen gibt es noch andere Bezeichnungen. Es wird auch Namenwort, Dingwort, Substantiv oder Hauptwort genannt. Nomen werden immer großgeschrieben.
Herkunft Nomen: lat. nomen = Name; Substantiv leitet sich ebenfalls vom Lateinischen her: substantia = Substanz

Angenommen, die Dinge hätten keinen besonderen Namen und jemand würde sagen: „Hol mal das Ding aus der Küche und leg es zu dem Ding neben dem Ding." Dann wüsste man nicht, um was es geht. Nun wollen wir mal das „Ding" benennen. „Hol mal die Schere aus der Küche und lege sie zu der Wolle neben den Korb." Jetzt kann man verstehen, was gemeint ist.

Beispiele für Nomen:

Bruder

Käfig

Delfin

Rose

Abstrakte Nomen

Es gibt auch sogenannte abstrakte Nomen. Sie stellen keine Gegenstände, Personen, Pflanzen oder Tiere dar, sondern beschreiben Gedachtes, Gefühle, Stimmungen und Zustände oder bezeichnen einen Begriff oder Sachverhalt.

Beispiele:
Glück, Hoffnung, Liebe, Streit, Klima, Wetter, Gesundheit, Krankheit, Gedanke, Idee, Traum

Trockenheit

Zufriedenheit

Fantasie

Herbst

Abschnitt 3

Der Artikel

Nomen können mit Artikeln (= Geschlechtswort) benutzt werden, oft müssen sie es sogar. Mit einem Artikel wird das Geschlecht von Nomen bezeichnet, wobei dieses Geschlecht (das „grammatikalische" Geschlecht) nicht unbedingt mit dem tatsächlichen Geschlecht übereinstimmt. Der Artikel „begleitet" das Nomen.
Herkunft Artikel: lat. articulus = Abschnitt, Teilchen

Femininum =
ein Nomen, das weibliches Geschlecht hat
Beispiele: die Blume, **die** Mutter, **die** Tulpe

Maskulinum =
ein Nomen, das männliches Geschlecht hat
Beispiele: der Mann, **der** Anker, **der** Henkel

Neutrum =
ein Nomen, das sächliches Geschlecht hat
Beispiele: das Kind, **das** Bild, **das** Herz

Bestimmte und unbestimmte Artikel

Der Artikel steht vor dem Nomen. Die bestimmten Artikel (der, die und das) werden benutzt, um etwas Bestimmtes zu kennzeichnen.

Beispiele: **das** Haus   **die** Möhre   **der** Stuhl   **die** Frau

Die unbestimmten Artikel (ein und eine) kennzeichnen etwas Unbestimmtes oder Unbekanntes.

Beispiele: **ein** Haus   **eine** Möhre   **ein** Stuhl   **eine** Frau

Abschnitt 4

Das Verb

Ein Verb ist ein Wort, das eine Tätigkeit, einen Vorgang oder einen Zustand ausdrückt. Es wird auch als **Tunwort** oder **Tätigkeitswort** bezeichnet. Da das Verb zudem angibt, wann etwas geschieht, wird es auch **Zeitwort** genannt. Verben schreibt man klein.
Herkunft Verb: lat. verbum = Ausdruck, Zeitwort

Man unterscheidet drei Arten von Verben:

a) **Tätigkeitsverben**
   Ein Tätigkeitsverb drückt ein Tun oder eine Handlung aus.

Beispiele: arbeiten, lernen, trinken, spielen, jäten, fotografieren

Oma **jätet** Unkraut   Der Mann **fotografiert**

b) **Vorgangsverben**
   Ein Vorgangsverb bringt eine Veränderung eines Zustandes zum Ausdruck. Etwas geschieht, etwas geht vor.

Beispiele: abkühlen, erwachen, einschlafen, entdecken, wachsen

Der Pudding **kühlt ab**   Die Katze **schläft** auf dem Stuhl **ein**

c) **Zustandsverben**

Ein Zustandsverb benennt einen Zustand, etwas sich nicht
Veränderndes, also etwas Bleibendes.

Beispiele: bleiben, leben, liegen, wohnen, stehen, hängen, schlafen

Der Schmetterling **lebt**   Die Fische **liegen** im Eimer

Die Kirschen **hängen** am Baum

Abschnitt 5

Das Adjektiv

Das Adjektiv ist ein Wort, das Personen, Gegenständen, Tieren oder Pflanzen bestimmte Eigenschaften zuschreibt. Adjektive stehen deshalb meistens vor Nomen. Die Aufgabe eines Adjektivs besteht darin, einen Text oder eine Aussage anschaulicher zu gestalten.

Das Adjektiv wird auch als **Eigenschaftswort** oder **Wiewort** bezeichnet. Adjektive werden kleingeschrieben.
Herkunft Adjektiv: spätlat. adiectivum = „hinzufügbares Wort"

Beispiele: Das **schöne** Bild, die **lustige** Geschichte, der **kleine** Mann

Der **riesige** Pilz   Die **steinige** Küste   Die **schöne** Blume

Adjektive können aber auch in Verbindung mit Verben stehen.

Beispiele: Der Ball fliegt **langsam**. Das Kind ist **schlau**.

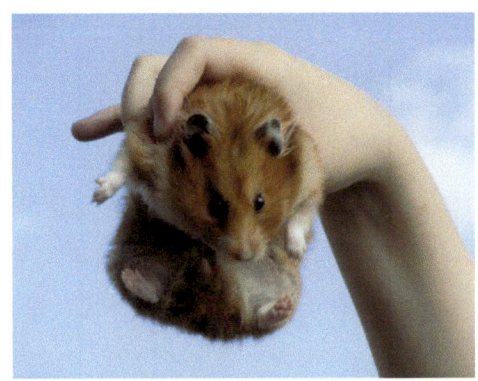 

Der Hamster ist **goldig**   Das Wasser fließt **schnell**

Steigerung von Adjektiven

Man unterscheidet: 1. Positiv   (Grundstufe)   klein
                           2. Komparativ   (Höherstufe)   klein**er**
                           3. Superlativ   (Höchststufe) (am) klein**sten**

Positiv (Grundstufe)

Bei Vergleichen in der Grundstufe braucht man das Vergleichswort „wie", um auszudrücken, dass Menschen, Pflanzen, Tiere und Dinge gleich oder nicht gleich sind.

Beispiele:

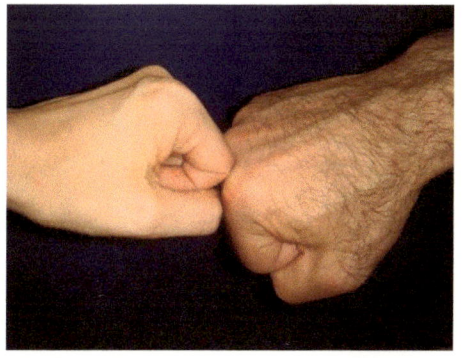

Die linke Faust ist nicht so   **groß**   **wie**   die rechte Faust.
                           Adjektiv in der Grundstufe   Vergleichswort

Die Seerose ist so   **schön**   **wie**   die Primel.
                    Adjektiv in der Grundstufe   Vergleichswort

Komparativ (Höherstufe)

Mit dem Komparativ kann man einen Unterschied zwischen Dingen, Menschen, Pflanzen, Tieren und abstrakten Nomen (siehe Erklärung Seite 5) hervorheben. Um den Komparativ zu bilden, hängt man einfach **-er** an die Grundstufe. Das Vergleichswort ist „als".

Beispiele: groß – größ**er**, schnell – schnell**er**, langsam – langsam**er**

Salat ist **gesünder** **als** Kuchen.
Adjektiv in der Höherstufe Vergleichswort

Der Adler ist **größer** **als** der Schmetterling.
Adjektiv in der Höherstufe Vergleichswort

Superlativ (Höchststufe)

Mit dem Superlativ hebt man heraus. Es gibt keine Steigerung mehr. Um den Superlativ zu bilden, hängt man einfach **-ste/-sten** an die Grundstufe.

Beispiele: am schön**sten**, die kürze**ste**, die älte**ste,** am beliebte**sten**

Die **würzigsten** Kräuter

Der **größte** Acker

Die **schönste** Eichel

Das Benzin ist **am teuersten**

Achtung:
Die Steigerung von **gut** ist unregelmäßig: gut – besser – am besten
Manche Adjektive lassen sich nicht steigern, da die Grundform schon etwas ausdrückt, was nicht steigerbar ist.

Beispiele: nackt, schriftlich, tot, leer, voll, kinderlos

Abschnitt 6

Pronomen

Ein Pronomen (auch Fürwort genannt) ist ein Wort, das **für** ein Nomen steht, also **anstelle** des Nomens. Es kann auch zusammen mit einem Nomen vorkommen und dieses näher bestimmen. Es gibt verschiedene Arten von Pronomen.

Herkunft Pronomen: lat. pronomen, aus: pro = vor/für und Nomen

1. Personalpronomen

Die Pronomen **ich du er sie es wir ihr sie** heißen Personalpronomen oder persönliche Fürwörter und ersetzen bestimmte Personen oder Sachen. Personalpronomen können einen Text vereinfachen und Wortwiederholungen vermeiden.

Ich werde fotografiert

Du bist mein Freund

Er ist dein Bruder

Sie trägt eine Bluse

Es (das Eis) schmeckt lecker

Wir unternehmen etwas

Sie ruhen sich auf der Bank aus

Ihr sitzt auf der Bank

Achtung: Die Personalpronomen *er, sie* und *es* hängen von dem Begleiter des Nomens ab.

er (d̲e̲r̲ Turm)

sie (d̲i̲e̲ Jacht)

es (d̲a̲s̲ Geld)

Abschnitt 7

2. Possessivpronomen (besitzanzeigendes Fürwort)

Das Possessivpronomen gibt den Besitzer einer Sache an oder drückt aus, zu wem eine Person oder Sache gehört. Es steht meistens bei einem Nomen.
Herkunft possessiv: lat. possidere = besitzen

Beispiele: **meine** Schuhe, **mein** Hemd, **dein** Fahrrad, **deine** Kette, **ihr** Kleid, **ihre** Bluse, **euer** Chef, **unsere** Tochter

Personalpronomen	**Possessivpronomen**
ich	mein/meine
du	dein/deine
er	sein/seine
sie	ihr/ihre
es	sein/seine
wir	unser/unsere
ihr	euer/eure
sie	ihr/ihre

ihre Haare

sein Flügel

Beispiele im Satz:

Das ist **sein** Koffer.	= Er gehört **dem Chef.**
Das ist **ihre** Tochter.	= Sie gehört zu **den Eltern.**
Das ist **meine** Tasche.	= Sie gehört **mir.**
Das ist **eure** Fahne.	= Sie gehört **den Nachbarn.**

Höfliche Anrede
Bei der höflichen Anrede, also wenn man eine Person oder mehrere siezt, heißen die Possessivpronomen **Ihr** oder **Ihre**.

Beispiele im Satz: Ist das **Ihre** Uhr?
Sind das **Ihre** Kinder?
Ist das **Ihr** Auto?
Dort drüben sind **Ihre** Leute.

Abschnitt 8

3. Indefinitpronomen

Das Indefinitpronomen ist ein Pronomen, das unbestimmt lässt, wovon oder von wem die Rede ist, weil man es nicht näher benennen kann oder will.
Herkunft indefinit: lat. indefinitus = unbestimmt

Beispiele:
man, jemand, niemand, jedermann, irgendeiner, einige, mehrere, etliche, einer, alle

Beispiele im Satz:
Jemand hat mein Fahrrad gestohlen.
Irgendjemand hat mein Buch weggenommen.
Man sollte nie betrunken ein Auto steuern.
Niemand hat ihn beobachtet.

Irgendjemand füttert das Känguru

Niemand war zu Hause

Jemand putzt das Fenster

Abschnitt 9

4. Interrogativpronomen (fragendes Fürwort)

Das Interrogativpronomen wird verwendet, um nach jemandem oder etwas zu fragen, den/das man noch nicht kennt. Es steht anstelle eines Nomens und leitet eine Frage ein.
Herkunft interrogativ: lat. interrogativus = fragend

<u>Es gibt folgende Interrogativpronomen:</u>
Wer, was, welche, welcher, welches, was für (ein)

<u>Beispiele:</u>

Paul fährt mit dem Auto zur Arbeit.
Wer fährt mit dem Auto zur Arbeit?   →   Paul

Maria hat Brot und Wurst eingekauft.
Was hat Maria eingekauft?   →   Brot und Wurst

Sein Bruder meint das erste Haus in der Straße.
Welches Haus meint er?   →   das erste Haus

Monika möchte den großen Ball haben.
Was für einen Ball möchte sie?   →   den großen Ball

Was wird Mutter backen?

Wer hat die Windmühle gebaut?

Abschnitt 10

5. Demonstrativpronomen (hinweisendes Fürwort)

Demonstrativpronomen weisen auf eine Person oder Sache hin. (Daher werden sie im Deutschen auch hinweisende Fürwörter genannt.)
Herkunft demonstrativ: lat. demonstrare = zeigen, hinweisen

Beispiele Demonstrativpronomen:
dieser, jener, solcher, derselbe, derjenige, selbst/selber, der, die, das

In der geschriebenen Sprache weisen Demonstrativpronomen auf eine Sache oder Person hin, die vorher schon genannt worden ist.

Beispiel: Mein Freund kauft den neuen Kühlschrank im Internet.
         Dieser ist dann nämlich 200 € billiger.

Beim mündlichen Gebrauch muss man die betreffende Sache oder Person nicht nennen, da man direkt auf sie zeigen kann.

Beispiel: Monika zeigt auf einen Hund und sagt: „**Der** ist aber niedlich!"

Die sind aber schön rot

Das ist trüb

Solche Pilze finde ich großartig

Achtung:

Die Demonstrativpronomen *der, die* und *das* haben die gleiche Form wie die bestimmten Artikel. Wie kann man unterscheiden, zu welcher Wortart sie gehören?

Beispiel: Ich habe mir schon ein Kleid ausgesucht. Ich möchte **das** Kleid.

Wenn man diese Sätze laut spricht, wird man heraushören, dass das Wort *das* im zweiten Satz betont wird. Daran kann man erkennen, dass es sich in diesem Fall um ein Demonstrativpronomen handelt.

„**Die** Kirsche am Baum meine ich!"

Abschnitt 11

6. Reflexivpronomen (rückbezügliches Fürwort)

Das Reflexivpronomen zeigt, dass sich eine Handlung oder ein Gefühl auf eine Person zurückbezieht. Wenn man das Wörtchen „selbst" ergänzen kann, handelt es sich um ein Reflexivpronomen.

Herkunft reflexiv: lat. reflectere = zurückbiegen, umwenden

Beispiele: Das Kind hat **sich** (selbst) in der Stadt verlaufen.
Ihr kocht **euch** (selbst) ein Essen.
Du wäschst **dich** (selbst).
Ich habe **mich (**selbst**)** verbeugt.

Überblick:

Personalpronomen	Reflexivpronomen
ich	mich, mir
du	dich, dir
er, sie, es	sich
wir	uns
ihr	euch
sie, Sie	sich

Er hat **sich** gestreckt

Wir haben **uns** gefreut

Einige Verben sind fest mit einem Reflexivpronomen verbunden.

Beispiele:

sich freuen	sich verbeugen	sich beeilen
sich entschließen	sich ereignen	sich erkälten
sich erkundigen	sich irren	sich kümmern
sich schämen	sich sehnen	sich wundern

Einige Verben können mit einem Reflexivpronomen gebraucht werden, aber auch ohne ein solches, dann allerdings in veränderter Bedeutung.

Beispiele:

sich ändern

      Er ändert sich. (reflexiv)
      Er ändert seine Meinung. (nicht reflexiv)

sich entfernen

      Sie entfernt sich von der Unfallstelle. (reflexiv)
      Die Frau entfernt den faulen Apfel. (nicht reflexiv)

sich beherrschen

      Paul beherrscht sich beim Essen. (reflexiv)
      Paul beherrscht die englische Sprache. (nicht reflexiv)

sich bewegen

      Der Hund bewegt sich nicht. (reflexiv)
      Der Wind bewegt die Blätter. (nicht reflexiv)

Abschnitt 12

7. Relativpronomen (bezügliches Fürwort)

Das Relativpronomen stellt einen Bezug zu einem früher erwähnten Wort her und heißt deshalb auf Deutsch bezügliches Fürwort.
Herkunft relativ: spätlat. relativus = bezüglich

Die Relativpronomen heißen:
der, die, das
welcher, welche, welches
was

Beispiele im Satz:

←
Er schlug das **Buch** auf, **das** ich ihm geschenkt hatte.

←
Der **Mann**, **der** mir das Programm erstellte, ist ein Profi.

←
Das **Spiel**, **welches** ich zum Geburtstag bekommen habe, ist fantastisch.

Mein Freund aß die Eier, **die** ich ihm gekocht hatte

Sie probierte das Jo-Jo aus, **das** sie geschenkt bekommen hatte

Besonderheiten bei dem Relativpronomen „was"

Das Relativpronomen „was" wird folgendermaßen verwendet:

- Bezug auf den ganzen vorhergehenden Satz
  Beispiel: Ihre Schwester war wieder schwanger, **was** ihn sehr freute.

- Bezug auf die Indefinitpronomen *nichts, alles, etwas, vieles, manches*
  Beispiel: Das ist alles, **was** ich brauche.

- Nach Adjektiven im Superlativ
  Beispiel: Das ist das Beste, **was** ich je bekommen habe.

Das war das Aufregendste, **was** ich je erlebt habe.

Übersicht über die Pronomen

Personalpronomen (Persönliche Fürwörter)	Possessivpronomen (besitzanzeigende Fürwörter)	Indefinitpronomen (unbestimmte Fürwörter)
Personalpronomen ersetzen bestimmte Nomen.	Das Possessivpronomen gibt den Besitzer einer Sache an oder drückt aus, zu wem eine Person oder Sache gehört.	Das Indefinitpronomen ist ein Pronomen, das unbestimmt lässt, wovon oder von wem die Rede ist, weil man es nicht näher benennen kann oder will.
ich du er, sie, es wir ihr sie	mein dein sein, ihr, unser euer ihre	jemand niemand man irgendeiner usw.

Interrogativpronomen (fragende Fürwörter)	Demonstrativpronomen (hinweisende Fürwörter)	Reflexivpronomen (rückbezügliche Fürwörter)	Relativpronomen (bezügliche Fürwörter)
Das Interrogativpronomen wird verwendet, um nach jemandem oder etwas zu fragen, den/das man noch nicht kennt.	Das Demonstrativpronomen weist auf eine Person oder Sache hin.	Das Reflexivpronomen zeigt, dass sich eine Handlung oder ein Gefühl auf eine Person zurückbezieht.	Das Relativpronomen stellt einen Bezug zu einem früher erwähnten Wort her.
wer? was? welcher? welches?	der, die, das dieser jener selbst, selber derjenige	mir/mich dich sich uns euch sich	das Bild, das die Frau, die der Mann, der das Kind, welches

Abschnitt 13

Die Präposition

Eine Präposition hilft ein Verhältnis zwischen zwei Wörtern auszudrücken. Die Präposition nennt man im Deutschen deshalb auch Verhältniswort. Ohne eine Präposition bleibt das Verhältnis unklar.
Herkunft Präposition: lat. praepositio = Voranstellung

Beispiele: Monika steht dem Gartentor. *Hier fehlt etwas* →
Monika steht **vor** dem Gartentor.

Das Wort „vor" gibt das Verhältnis zwischen Monika und dem Gartentor an.

Sarah steht Bach. *Hier fehlt etwas* →
Sarah steht **am** Bach.

Das Wort „am" gibt das Verhältnis zwischen Sarah und dem Bach an.

Peter denkt seine Pläne nach. *Hier fehlt etwas* →
Peter denkt **über** seine Pläne nach.

Das Wort „über" gibt das Verhältnis zwischen dem Verb und dem Nomen an.

Die Straßenlaterne ist **vor** der Mauer

Die Weintrauben hängen **an** der Rebe

Präpositionen stehen meist vor einem Nomen: **im** Haus; **auf** dem Dachboden. Einige Präpositionen stehen auch hinter dem Nomen oder umschließen es.

Beispiele: der Ordnung **halber**, **um** des lieben Friedens **willen**

Verschiedene Arten von Präpositionen

Präpositionen können ein temporales (zeitliches), ein lokales (örtliches), ein modales (betrifft die Art und Weise) oder ein kausales (betrifft den Grund) Verhältnis angeben.

1. Lokale (örtliche) Präpositionen

Präpositionen, die einen Ort angeben, nennt man lokale Präpositionen.

Beispiele: auf, bei, oberhalb, seitlich, unterhalb, über, zwischen, inmitten, nahe

Beispiele im Satz:
Mein Auto steht **gegenüber** der Bäckerei.

Das Kind hüpft **innerhalb** des Kreises.

Der See befindet sich **unterhalb** der Straße.

Die Schnecke ist **auf** der Wasseroberfläche

2. Temporale (zeitliche) Präpositionen

Temporale Präpositionen geben ein Zeitverhältnis an.

Beispiele: binnen, seit, während

Die meisten temporalen Präpositionen sind aus lokalen Präpositionen entstanden.

Beispiele im Satz:
Er ist **in** (lokale Präposition) dem Haus.
In (temporale Präposition) zwei Stunden ist er da.

Peter sitzt **zwischen** (lokale Präposition) seinen beiden Freunden.
Wir werden morgen **zwischen** (temporale Präposition) 4.00 Uhr und 5.00 Uhr losfahren.

Während des Zoobesuchs fotografierte ich den Leguan

3. Modale (die Art und Weise betreffende) Präpositionen

Modale Präpositionen geben die Art und Weise an. Man kann sie mit dem Fragewort „wie" erfragen.

Beispiele: mit, ohne, außer, entgegen, in, wider

Beispiele im Satz:
Der Mann nahm sich den Kuchen, **ohne** zu fragen.

Sie ging **in** großer Eile zur Arbeit.

Der Mann fütterte die Schwäne **mit** seinen Händen.

4. Kausale (den Grund betreffende) Präpositionen

Kausale Präpositionen geben einen Grund an. Man kann sie mit „warum"
erfragen.

Beispiele: wegen, aufgrund, dank, aus, laut, um … willen, anlässlich

Beispiele im Satz:
Die Kinder konnten **aufgrund** des schlechten Wetters nicht draußen spielen.

Dank der Spenden konnte dem kranken Kind geholfen werden.

Um des lieben Friedens **willen** gab er nach.

Wegen der zu geringen Ersparnisse
konnte er nicht in den Urlaub fahren

Achtung:
Es gibt auch Präpositionen, die durch das Zusammenziehen von Präposition und
Artikel entstanden sind.

Beispiele:	an dem	=	am
	durch das	=	durchs
	zu dem	=	zum
	bei dem	=	beim
	in dem	=	im

Beispiele im Satz:
Sein Bruder war **beim** Bäcker.
Die Frau war **am** Fenster.
Sie gingen **zum** Arzt.
Der Ball flog **durchs** Fenster.
Die Kinder waren **im** Zoo.

Abschnitt 14

Das Adverb

Das Adverb gibt die näheren Umstände eines Geschehens oder eines Zustandes an. Der deutsche Begriff für das Adverb ist Umstandswort. Außerdem können Adverbien andere Wortarten wie z.B. Adjektive, Verben und andere Adverbien näher bestimmen.
Herkunft Adverb: lat. adverbium, eigentlich = das zum Verb Gehörende

Beispiele:
heute, dort, draußen, heutzutage, vormittags, nicht, besonders, möglicherweise, deshalb, dennoch, trotzdem, folglich

Heute ist es warm, wir können baden

Der Baum ist **sehr** krumm

Die Erdnüsse sind **nicht** schlecht

Die Tauben kamen **scharenweise**

Verschiedene Arten von Adverbien

1. Temporaladverb (Umstandswort der Zeit)

Temporaladverbien geben die genaueren Umstände der Zeit an. Sie geben Auskunft über die Dauer einer Handlung oder sagen, zu welchem Zeitpunkt etwas geschieht. Temporaladverbien kann man mit folgenden Fragen herausfinden: **Seit wann? Wann? Wie lange? Wie oft?**

<u>**Beispiele**</u>:
heute, sofort, vorgestern, damals, übermorgen, demnächst, wieder, endlich, nie, morgens, nachts, vormittags

Der Eisbär schläft **tagsüber**

Nun können wir die Beeren ernten

2. Lokaladverb (Umstandswort des Ortes)

Lokaladverbien geben die näheren Umstände über den Ort einer Handlung an. Sie geben auch die Richtung an, aus der etwas kommt oder in die sich etwas bewegt.

Lokaladverbien kann man mit folgenden Fragen herausfinden:
Wo? Wohin? Woher?

<u>**Beispiele**</u>:
draußen, drinnen, links, rechts, vorwärts, rückwärts, dorther, unterwegs, nebenan, überall, bergauf, bergab, vorn, hinten

Dort ist alles mit Algen bewachsen

Das Fahrrad steht **draußen**

3. Modaladverb (Umstandswort der Art und Weise)

Modaladverbien geben die Art und Weise an, also wie etwas gemacht wird.
Man kann sie erfragen mit: **Wie? Auf welche Weise?**

Beispiele:
besonders, sehr, nicht, normalerweise, vorsichtshalber, einmal, bestenfalls,
scharenweise, fast, kaum, bloß, ganz, einigermaßen, ziemlich, wohl, vielleicht

Vielleicht kommt noch jemand

Der Wind ging **kaum**

4. Kausaladverb (Umstandswort des Grundes)

Kausaladverbien geben die Gründe für eine Handlung an.
Man kann sie erfragen mit: **Warum? Weshalb? Wozu? Wodurch?**
Zu welchem Zweck?

Beispiele:
seinetwegen, daher, darum, notfalls, trotzdem, dennoch, sonst, also, demnach

Die Kirche gefiel ihm, **deshalb** fotografierte er sie

Es ist Frühling, **infolgedessen** blühen die Tulpen

Steigerung von Adverbien

Im Gegensatz zu Adjektiven können Adverbien in der Regel nicht gesteigert werden. Für einige wenige Adverbien gibt es aber Steigerungsformen.

Sonderformen:

oft	öfter	am öftesten
gern	lieber	am liebsten
wohl	besser	am besten
bald	eher	am ehesten
viel	mehr	am meisten
ehe	eher	am ehesten

Abschnitt 15

Die Konjunktion

Konjunktionen haben die wichtige Aufgabe, Sätze und Satzteile miteinander zu verbinden und eine inhaltliche Beziehung zwischen den verbundenen Sätzen herzustellen. Das deutsche Wort für Konjunktion ist Bindewort.
Herkunft Konjunktion: lat. coniunctio = Verbindung, Bindewort

<u>Beispiele:</u>

Der Papagei frisst, **weil** er Hunger hat

Sobald die Himbeeren reif sind, werden sie geerntet

Beispiele für Satzverknüpfungen:

Das Kind liegt im Bett. Es ist krank.
Das Kind liegt im Bett, **weil** es krank ist.

Hans wurde gefragt. Er wusste keine Antwort.
Hans wurde gefragt, **aber** er wusste keine Antwort.

Das Mädchen aß nichts. Es hatte Hunger.
Das Mädchen aß nichts, **obwohl** es Hunger hatte.

Der Mann überprüft die Rechnung. Er prüft ihre Richtigkeit.
Der Mann überprüft, **ob** die Rechnung richtig ausgestellt wurde.

Der Mann erzählte es weiter, **obwohl**
es ein Geheimnis war

Er schaute durchs
Schlüsselloch, **weil**
er neugierig war

„**Wenn** der Pinguin
aus dem Wasser
kommt, kannst du ihn
fotografieren."

Beispiele für die Verbindung von Satzteilen:

Ich mag Äpfel. Ich mag Birnen.
Ich mag Äpfel **und** Birnen.

Magst du Pizza? Magst du Nudeln?
Magst du Pizza **ode**r Nudeln?

Peter konnte es ihm nicht ausreden. Der Lehrer konnte es ihm nicht ausreden.
Weder Peter **noch** der Lehrer konnten es ihm ausreden.

Am Markt gibt es gelbe **und** rote Paprika

Magst du rote **oder** grüne Äpfel?

Abschnitt 16

Das Numerale

Das Numerale, auch Zahlwort, ist ein Begleiter oder Stellvertreter des Nomens. Es macht Angaben über eine Anzahl, eine Menge oder Ähnliches.
Herkunft Numerale: lat. numeralis; zu numerus = Nummer

Es gibt unterschiedliche Numeralien. Die wichtigsten sind:

- **Grundzahlen (mit ihnen rechnet man)**

  Beispiele: eins, zwei, zehn, hundert, tausend, vierzehn usw.

zwölf Zwiebeln

- **Ordnungszahlen (mit ihnen kann man Reihenfolgen erstellen)**

  Beispiele: die <u>erste</u> Straße, der <u>zweite</u> Bewerber, das <u>dritte</u> Kind

die **erste** Reihe

Abschnitt 17

Die Interjektion

Mit der Wortart Interjektion kann eine Empfindung wie Freude, Ekel, Verwunderung oder Furcht ausgedrückt werden. Auf Deutsch wird es Ausrufewort oder Empfindungswort genannt. Die Interjektion kann auch mit anderen Wörtern in Sätzen (siehe Beispiele unten) kombiniert werden.
Herkunft Interjektion: lat. interiectio = das Dazwischengeworfene

Beispiele: Ach!, Aha!, Oh!, Au!, Nanu!, Hurra!, Igitt!, Ups!, Hoppla!, Oha!

„Oh, der Eisbär schläft ja!"

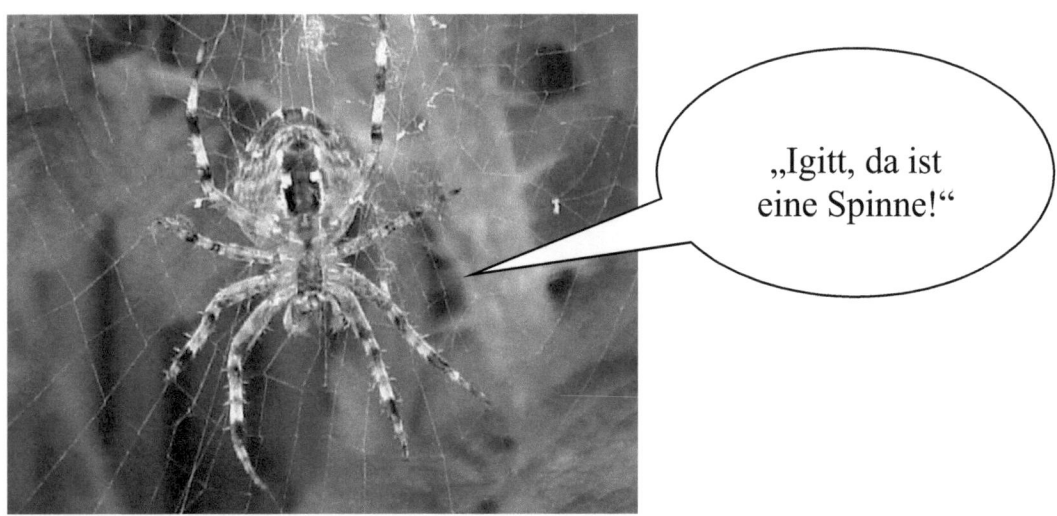

„Igitt, da ist eine Spinne!"